한글 관음경

- 관세음보살보문품 -

우룡 큰스님 옮김

불교신행연구원 엮음

효림

차 례

....

관음경(관세음보살보문품)
·

관세음보살 염불
·

관음경의 독송과 관음염불법

내가 확인하는 독경횟수
·

관 음 경

- 관세음보살보문품 -

전경(轉經)

개법장진언
開 法 藏 眞 言

옴 아라남 아라다 (3번)

나무실상묘법연화경 관세음보살보문품
나무실상묘법연화경 관세음보살보문품
나무실상묘법연화경 관세음보살보문품

爾時에 無盡意菩薩이 卽從座起하야 偏

袒右肩하고 合掌向佛하야 而作是言하사되

世尊하 觀世音菩薩은 以何因緣으로

名 觀世音이닛고

佛告無盡意菩薩하사되

善男子야 若有無量百千萬億衆生이 受

諸苦惱할새 聞是觀世音菩薩하고 一心稱

名하면 觀世音菩薩이 卽時에 觀其音聲하

그때 무진의보살이 자리에서 일어나, 오른쪽 어깨를 드러내고 부처님을 향해 합장을 하고 사뢰었다.

　　"세존이시여, 관세음보살은 어떠한 인연으로 '관세음'이라 이름하게 되었나이까?"

　　부처님께서 무진의보살에게 이르셨다.

　　선남자여, 만약 백천만억의 한량없는 중생이 여러가지 괴로움을 받게 되었을 때 '관세음보살'이라는 이름을 듣고 일심으로 관세음보살의 명호를 부야 皆_개得_득解_해脫_탈케 하느니라

若_약有_유持_지是_시觀_관世_세音_음菩_보薩_살名_명者_자는 設_설入_입大_대火_화

라도 火_화不_불能_능燒_소하나니 由_유是_시菩_보薩_살의 威_위神_신力_력故_고

니라

若_약爲_위大_대水_수所_소漂_표라도 稱_칭其_기名_명號_호하면 卽_즉得_득淺_천

處_처하며

若_약有_유百_백千_천萬_만億_억衆_중生_생이 爲_위求_구金_금銀_은琉_유璃_리硨_자

磲_거瑪_마瑙_노珊_산瑚_호琥_호珀_박眞_진珠_주等_등寶_보하야 入_입於_어大_대海_해

르면, 관세음보살은 즉시에 그 음성을 관하여 모두에게 해탈을 얻을 수 있게 하느니라.

만약 이 관세음보살의 명호를 기억하고 외우는 이가 있다면, 설령 큰 불 속에 들어가게 될지라도 불이 그를 태우지 못하나니, 이는 관세음보살의 위신력 때문이니라.

또 큰물에 빠져 표류할지라도 그 명호를 부르면 곧 얕은 곳에 이르게 되느니라.

만약 백천만억의 중생이 금·은·유리·자거·마노·산호·호박·진주

할새 假使黑風이 吹其船舫하야 飄墮羅刹鬼

國이라도 其中에 若有乃至一人이라도 稱觀

世音菩薩名者면 是諸人等이 皆得解脫羅

刹之難하나니 以是因緣으로 名觀世音이니라

若復有人이 臨當被害하야 稱觀世音菩薩名

者면 彼所執刀杖이 尋段段壞하야 而得解脫하

니라

등의 보배를 구하기 위하여 큰 바다로 나아갔다가 모진 바람을 만나 배가 나찰귀의 나라에 이르게 되었을지라도, 그 가운데 한 사람만이라도 관세음보살의 명호를 부르는 자가 있으면 모든 사람들이 나찰의 환란을 해탈하게 되나니, 이러한 인연으로 인해 이름을 '관세음'이라 하느니라.

또한 어떤 사람이 피해를 당하게 되었을 때 관세음보살의 명호를 부르면, 해치고자 했던 사람의 손에 들린 칼과 몽둥이가 조각조각 부서져 해탈을 얻게 되느니라.

若三千大千國土에 滿中한 夜叉羅刹이 欲來

惱人이라도 聞其稱觀世音菩薩名者면 是諸惡

鬼가 尚不能以惡眼視之커늘 況復加害라

設復有人이 若有罪어나 若無罪어나 杻械枷鎖

로 檢繫其身이라도 稱觀世音菩薩名者는 皆悉

斷壞하야 卽得解脫하나리

若三千大千國土에 滿中한 怨賊에 有一商主

만약 삼천대천국토에 가득한 야차와 나찰들이 와서 사람을 괴롭히고자 하여도, 관세음보살의 명호를 부르는 소리를 듣게 되면 이 모든 악귀들이 그 사람을 악한 눈으로 볼 수조차 없게 되거늘, 어떻게 해를 입힐 수가 있겠느냐.

　　또한 어떤 사람이 죄가 있거나 죄가 없거나 수갑과 쇠고랑과 나무칼로 씌워 그 몸을 결박당하게 되었을 때, 관세음보살의 명호를 부르면 모두 끊어지고 부수어져 곧 해탈을 얻게 되느니라.

　　만약 삼천대천국토 중의 도적떼가 가

가 將諸商人하야 齎持重寶하고 經過險路할새
_{장제상인} _{재지중보} _{경과험로}

其中一人이 作是唱言호되
_{기중일인} _{작시창언}

諸善男子여 勿得恐怖하고 汝等은 應當一心
_{재선남자} _{물득공포} _{여등} _{응당일심}

으로 稱觀世音菩薩名號하라 是菩薩이 能以
_{칭관세음보살명호} _{시보살} _{능이}

無畏로 施於衆生하나니 汝等이 若稱名者면 於
_{무외} _{시어중생} _{여등} _{약칭명자} _어

此怨賊에 當得解脫하리라
_{차원적} _{당득해탈}

衆商人이 聞하고 俱發聲言호되 南無觀世音
_{중상인} _문 _{구발성언} _{나무관세음}

菩薩하면 稱其名故로 卽得解脫하리니
_{보살} _{칭기명고} _{즉득해탈}

16

득한 곳을 한 상주(商主)가 여러 상인들을 거느리고 값진 보배를 휴대하여 험한 길을 지나갈 때 그 가운데 한 사람이 말하기를,

"선남자들이여, 두려워 하지 말라. 그대들은 마땅히 일심으로 관세음보살의 명호를 불러라. 이 보살은 능히 '두려움 없음 [無畏]'을 중생들에게 베풀어 주신다. 그대들이 만약 그 명호를 부른다면 도적떼의 피해를 반드시 벗어나리라."

여러 상인들이 이 말을 듣고 함께 '나무관세음보살'을 부르면, 그 명호를 부

無盡意야 觀世音菩薩摩訶薩의 威神之力

이 巍巍如是하니라

若有衆生이 多於淫欲이라도 常念恭敬觀世

音菩薩하면 便得離欲하며

若多瞋恚라도 常念恭敬觀世音菩薩하면 便

得離瞋하며

若多愚癡라도 常念恭敬觀世音菩薩하면 便

得離癡하나니

르는 공덕으로 곧 해탈을 얻게 되느니라.

무진의여, 관세음보살마하살의 위신력은 이와같이 높고 크느니라.

만약 어떤 중생이 음욕심이 많을지라도 관세음보살을 항상 공경히 생각하면 문득 음욕을 여의고,

만약 성을 잘 낼지라도 관세음보살을 항상 공경히 생각하면 문득 성냄을 여의며,

만약 어리석음이 많을지라도 관세음보살을 항상 공경히 생각하면 문득 어리석음을 여의느니라.

無^무盡^진意^의여 觀^관世^세音^음菩^보薩^살이 有^유如^여是^시等^등大^대威^위神^신

力^력하야 多^다所^소饒^요益^익일새 是^시故^고로 衆^중生^생이 常^상應^응心^심

念^념이니라

若^약有^유女^여人^인이 設^설欲^욕求^구男^남하야 禮^예拜^배供^공養^양觀^관世^세

音^음菩^보薩^살하면 便^변生^생福^복德^덕智^지慧^혜之^지男^남하고

設^설欲^욕求^구女^녀하면 便^변生^생端^단正^정有^유相^상之^지女^녀하나니

宿^숙植^식德^덕本^본하야 衆^중人^인이 愛^애敬^경이니라

무진의여, 관세음보살에게는 이와같은 대위신력이 있어 넉넉하고 풍족하게 이익을 베풀어 주나니, 그러므로 중생들은 항상 마음으로 생각해야 하느니라.

만약 어떠한 여인이 아들을 얻고자 하여 관세음보살에게 예배를 하고 공양을 하면 복덕과 지혜를 갖춘 아들을 낳고,

딸을 얻고자 하면 문득 인물이 단정하고 아름다운 딸을 낳으리니,

그 자녀들은 숙세에 덕의 근본을 심었기 때문에 많은 사람들의 사랑과 존경

무 진 의　　관 세 음 보 살　　유 여 시 력
無盡意여 觀世音菩薩은 有如是力하니라

약 유 중 생　　　공 경 예 배 관 세 음 보 살　　　복
若有衆生이 恭敬禮拜觀世音菩薩하면 福

불 당 연　　　시 고　　중 생　　개 응 수 지 관 세
不唐捐하나니 是故로 衆生은 皆應受持觀世

음 보 살 명 호
音菩薩名號니라

무 진 의　　약 유 인　　수 지 육 십 이 억 항 하 사
無盡意야 若有人이 受持六十二億恒河沙

보 살 명 자　　　부 진 형　　　공 양 음 식 의 복 와
菩薩名字하고 復盡形토록 供養飲食衣服臥

구 의 약　　　어 여 의 운 하　　시 선 남 자 선 여 인
具醫藥하면 於汝意云何오 是善男子善女人

　　공 덕　　　다 부
의 功德이 多不아

22

을 받느니라.

무진의여, 관세음보살은 이와같은 힘이 있느니라.

만약 어떠한 중생이라도 관세음보살을 공경하고 예배하면 그 복이 헛되지 않나니, 이와같은 까닭으로 중생은 마땅히 관세음보살의 명호를 수지해야 하느니라.

무진의여, 만약 어떤 사람이 62억 항하의 모래알 수처럼 많은 보살의 이름을 받아 지니고, 다시 그의 목숨이 다할 때까지 음식과 의복과 침구와 의약으로 공양을 한다면, 네 생각은 어떠하

無_무盡_진意_의言_언하사대

甚_심多_다니다 世_세尊_존이시여

佛_불言_언하사대

若_약復_부有_유人_인이 受_수持_지觀_관世_세音_음菩_보薩_살名_명號_호하되 乃_내

至_지一_일時_시라도 禮_예拜_배供_공養_양하면 是_시二_이人_인의 福_복이 正_정

等_등無_무異_이하야 於_어百_백千_천萬_만億_억劫_겁에 不_불可_가窮_궁盡_진이니라

냐? 이 선남자 선여인의 공덕이 많겠느냐? 적겠느냐?

무진의보살이 사뢰었다.
매우 많겠나이다, 세존이시여.

부처님께서 이르셨다.
만약 또 다른 어떤 사람이 있어 관세음보살의 명호를 받아 지니고[受持] 한 때라도 예배공양을 하면 이 두사람의 복이 꼭 같아 다름이 없으며, 백천만억겁이 지날지라도 그 복은 다함이 없느니라.

무진의 수 지관세음보살명호 득 여
無盡意여 受持觀世音菩薩名號하면 得如

시 무 량 무 변 복 덕 지 리
是無量無邊福德之利하니라

무 진 의 보 살 백 불 언
無盡意菩薩이 白佛言하사대

세 존 관 세 음 보 살 운 하 유 차 사 바 세 계
世尊하 觀世音菩薩이 云何遊此娑婆世界

운 하 이 위 중 생 설 법 방 편 지 력
하며 云何而爲衆生하야 說法하며 方便之力은

기 사 운 하
其事云何닛고

불 고 무 진 의 보 살
佛告無盡意菩薩하사대

선 남 자 약 유 국 토 중 생
善男子야 若有國土衆生이

무진의여, 관세음보살의 이름을 받아 지니면 이와같이 한량이 없고 끝이 없는 복덕의 이익을 얻게 되느니라.

무진의보살이 부처님께 사뢰었다.
세존이시여, 관세음보살은 어떠한 모습으로 이 사바세계에서 노니시며, 어떠한 방법으로 중생을 위하여 법을 설하시며, 그 방편의 힘은 어떠하옵니까?

부처님께서 무진의보살에게 이르셨다.
선남자여, 만약 어떠한 국토의 중생이

① 應以佛身^{응이불신}으로 得度者^{득도자}는 觀世音菩薩^{관세음보살}이 卽現^{즉현}

佛身^{불신}하야 而爲說法^{이위설법}하며

② 應以辟支佛身^{응이벽지불신}으로 得度者^{득도자}는 卽現辟支佛^{즉현벽지불}

身^신하야 而爲說法^{이위설법}하며

③ 應以聲聞身^{응이성문신}으로 得度者^{득도자}는 卽現聲聞身^{즉현성문신}하야

而爲說法^{이위설법}하며

④ 應以梵王身^{응이범왕신}으로 得度者^{득도자}는 卽現梵王身^{즉현범왕신}하야

而爲說法^{이위설법}하며

① 부처님의 몸으로 응하여 제도를 해야 할 이가 있으면 관세음보살은 곧 부처님의 몸을 나타내어 그를 위해 법을 설하고,

② 벽지불(辟支佛)의 몸으로 응하여 제도를 해야 할 이가 있으면 곧 벽지불의 몸을 나타내어 법을 설하며,

③ 성문(聲聞)의 몸으로 응하여 제도를 해야 할 이가 있으면 곧 성문의 몸을 나타내어 법을 설하느니라.

④ 범천왕(梵天王)의 몸으로 응하여 제도를 해야 할 이가 있으면 곧 범천왕의 몸을 나타내어 법을 설하고,

⑤ 應^응以^이帝^제釋^석身^신으로 得^득度^도者^자는 卽^즉現^현帝^제釋^석身^신하야

而^이爲^위說^설法^법하며

⑥ 應^응以^이自^자在^재天^천身^신으로 得^득度^도者^자는 卽^즉現^현自^자在^재天^천

身^신하야 而^이爲^위說^설法^법하며

⑦ 應^응以^이大^대自^자在^재天^천身^신으로 得^득度^도者^자는 卽^즉現^현大^대自^자

在^재天^천身^신하야 而^이爲^위說^설法^법하며

⑧ 應^응以^이天^천大^대將^장軍^군身^신으로 得^득度^도者^자는 卽^즉現^현天^천大^대

將^장軍^군身^신하야 而^이爲^위說^설法^법하며

⑤ 제석천왕(帝釋天王)의 몸으로 응하여 제도를 해야 할 이가 있으면 곧 제석천왕의 몸을 나타내어 법을 설하며,

⑥ 자재천(自在天)의 몸으로 응하여 제도를 해야 할 이가 있으면 곧 자재천의 몸을 나타내어 법을 설하며,

⑦ 대자재천(大自在天)의 몸으로 응하여 제도를 해야 할 이가 있으면 곧 대자재천의 몸을 나타내어 법을 설하며,

⑧ 하늘나라 대장군의 몸으로 응하여 제도를 해야 할 이가 있으면 곧 하늘나라 대장군의 몸을 나타내어 법을 설하며,

⑨ 應以毘沙門身^{으로} 得度者^는 卽現毘沙門

身^{하야} 而爲說法^{하며}

⑩ 應以小王身^{으로} 得度者^는 卽現小王身^{하야}

而爲說法^{하며}

⑪ 應以長者身^{으로} 得度者^는 卽現長者身^{하야}

而爲說法^{하며}

⑫ 應以居士身^{으로} 得度者^는 卽現居士身^{하야}

而爲說法^{하며}

⑨ 비사문천왕(毘沙門天王)의 몸으로 응하여 제도를 해야 할 이가 있으면 곧 비사문천왕의 몸을 나타내어 법을 설하며,

⑩ 인간세계 왕의 몸으로 응하여 제도를 해야 할 이가 있으면 곧 인간세계 왕의 몸을 나타내어 법을 설하며,

⑪ 장자(長者)의 몸으로 응하여 제도를 해야 할 이가 있으면 곧 장자의 몸을 나타내어 법을 설하며,

⑫ 거사(居士)의 몸으로 응하여 제도를 해야 할 이가 있으면 곧 거사의 몸을 나타내어 법을 설하며,

⑬ 應^응以^이宰^재官^관身^신으로 得^득度^도者^자는 卽^즉現^현宰^재官^관身^신하야

而^이爲^위說^설法^법하며

⑭ 應^응以^이婆^바羅^라門^문身^신으로 得^득度^도者^자는 卽^즉現^현婆^바羅^라門^문

身^신하야 而^이爲^위說^설法^법하며

⑮ 應^응以^이比^비丘^구 比^비丘^구尼^니 優^우婆^바塞^새 優^우婆^바夷^이身^신으로

得^득度^도者^자는 卽^즉現^현比^비丘^구 比^비丘^구尼^니 優^우婆^바塞^새優^우婆^바

夷^이身^신하야 而^이爲^위說^설法^법하며

⑯ 應^응以^이長^장者^자 居^거士^사 宰^재官^관 婆^바羅^라門^문의 婦^부女^녀身^신으

로 得^득度^도者^자는 卽^즉現^현婦^부女^녀身^신하야 而^이爲^위說^설法^법하며

⑬ 재상과 같은 관리의 몸으로 응하여 제도를 해야 할 이가 있으면 곧 재관(宰官)의 몸을 나타내어 법을 설하며,

⑭ 바라문의 몸으로 응하여 제도를 해야 할 이가 있으면 곧 바라문의 몸을 나타내어 법을 설하며,

⑮ 비구·비구니·우바새·우바이의 몸으로 응하여 제도를 해야 할 이가 있으면 곧 비구·비구니·우바새·우바이의 몸을 나타내어 법을 설하며,

⑯ 장자·거사·재관·바라문의 부녀자(婦女子)의 몸으로 응하여 제도를 해야 할 이가 있으면 곧 부녀자의 몸을 나

⑰ 應以童男童女身으로 得度者는 卽現童男
　　　　　　응 이 동 남 동 녀 신　　　　 득 도 자　 즉 현 동 남

童女身하야 而爲說法하며
동 녀 신　　　 이 위 설 법

⑱ 應以天 龍 夜叉 乾闥婆 阿修羅 迦樓羅
　　　　응 이 천 용 야 차 건 달 바 아 수 라 가 루 라

緊那羅 摩睺羅伽 人 非人等身으로 得度
긴 나 라 마 후 라 가 인 비 인 등 신　　　 득 도

者는 卽皆現之하야 而爲說法하며
자　 즉 개 현 지　　　 이 위 설 법

⑲ 應以執金剛身으로 得度者는 卽現執金剛
　　　　　응 이 집 금 강 신　　　　 득 도 자　 즉 현 집 금 강

身하야 而爲說法하느니라
신　　　 이 위 설 법

타내어 법을 설하며,

⑰ 동남(童男)·동녀(童女)의 몸으로 응하여 제도를 해야 할 이가 있으면 곧 동남·동녀의 몸을 나타내어 법을 설하며,

⑱ 천·용·야차·건달바·아수라·가루라·긴나라·마후라가·인·비인 등의 몸으로 응하여 제도를 해야 할 이가 있으면 곧 천·용 등의 몸을 나타내어 법을 설하며,

⑲ 집금강신(執金剛神)의 몸으로 응하여 제도를 해야 할 이가 있으면 곧 집금강신의 몸을 나타내어 법을 설하느

無^무盡^진意^의여 是^시觀^관世^세音^음菩^보薩^살이 成^성就^취如^여是^시功^공德^덕하

야 以^이種^종種^종形^형으로 遊^유諸^제國^국土^토하며 度^도脫^탈衆^중生^생하느니

라 是^시故^고로 汝^여等^등이 應^응當^당一^일心^심으로 供^공養^양觀^관世^세音^음

菩^보薩^살이니라

是^시觀^관世^세音^음菩^보薩^살摩^마訶^하薩^살이 於^어怖^포畏^외急^급難^난之^지

中^중에 能^능施^시無^무畏^외할새 是^시故^고로 此^차娑^사婆^바世^세界^계에서

皆^개號^호之^지爲^위施^시無^무畏^외者^자라 하느니라

無盡意여 是觀世音菩薩이 成就如是功德하

야 以種種形으로 遊諸國土하며 度脫衆生하느니

라 是故로 汝等이 應當一心으로 供養觀世音

菩薩이니라

是觀世音菩薩摩訶薩이 於怖畏急難之

中에 能施無畏할새 是故로 此娑婆世界에서

皆號之爲施無畏者라 하느니라

니라.

　무진의여, 관세음보살은 이와같이 공
덕을 성취하여 다양한 모습으로 모든
국토를 노닐며 중생을 제도하고 해탈
케 하느니라. 그러므로 너희들은 마땅
히 일심으로 관세음보살을 공양할지
니라.

　이 관세음보살마하살은 두렵고 급한
환란 속에 처했을 때 두려움 없음을 베
풀어주나니, 이와같은 까닭으로 사바세
계에서 모두다 이르기를 '두려움 없음
을 베푸는 이[施無畏者]' 라 하느니라.

無^무盡^진意^의菩^보薩^살이 白^백佛^불言^언하사대

世^세尊^존하 我^아今^금에 當^당供^공養^양觀^관世^세音^음菩^보薩^살하리이다 하고

卽^즉解^해頸^경衆^중寶^보珠^주瓔^영珞^락하니 價^가値^치白^백千^천兩^냥金^금이라 而^이

以^이與^여之^지하고 作^작是^시言^언하사대

仁^인者^자여 受^수此^차法^법施^시珍^진寶^보瓔^영珞^락하소서

時^시에 觀^관世^세音^음菩^보薩^살이 不^불肯^긍受^수之^지어늘

無^무盡^진意^의復^부白^백觀^관世^세音^음菩^보薩^살言^언하사대

무진의보살이 부처님께 사뢰었다.

세존이시여, 저는 지금 관세음보살께 공양을 올리고자 하옵니다.

그리고는 곧바로 백천냥금의 가치를 지닌 수많은 보석으로 이루어진 목걸이를 풀어 바치면서 말하였다.

어진이시여, 이 법시(法施)의 진귀한 보배 목걸이를 받아주소서.

그러나 관세음보살께서 받으려 하지 아니하므로, 무진의보살이 다시 관세음보살께 말하였다.

仁者여 愍我等故로 受此瓔珞하소서

爾時에 佛告觀世音菩薩하사대

當愍此無盡意菩薩 及四衆과 天 龍 夜

叉 乾闥婆 阿修羅 迦樓羅 緊那羅 摩睺

羅伽 人 非人 等故로 受是瓔珞하리

卽時에 觀世音菩薩이 愍諸四衆과 及於

天 龍 人 非人等하야 受其瓔珞하고 分作

어진이시여, 저희들을 불쌍히 여기시어 이 목걸이를 받으소서.

그때 부처님께서 관세음보살에게 이르셨다.

마땅히 무진의보살을 비롯한 사부대중과 천·용·야차·건달바·아수라·가루라·긴나라·마후라가·인(人)·비인(非人)등을 불쌍히 여겨 이 목걸이를 받을지니라.

그 즉시 관세음보살은 사부대중과 천·용·인·비인 등을 불쌍히 여겨 목걸이를 받은 다음 둘로 나누어, 한 몫

二分_{하야} 一分_은 奉釋迦牟尼佛_{하고} 一分_은

奉多寶佛塔_{하니라}

無盡意_야 觀世音菩薩_이 有如是自在神力_{하야}

遊於娑婆世界_{하나니라}

爾時_에 無盡意菩薩_이 以偈問曰

世尊妙相具_{시여}　我今重問彼_{하오니}

佛子何因緣_{으로}　名爲觀世音_{이닛고}

은 석가모니불께 바치고 한 몫은 다보
여래(多寶如來)의 탑에 바치었다.

  무진의여, 관세음보살에게는 이와같
은 자재한 신통력이 있어 사바세계를
자유로이 노니느니라.
  그때에 무진의보살이 게송으로 여쭈
었다.

  묘한 상호 구족하신 세존이시여
  제가 이제 다시금 여쭈옵니다
  저 불자는 어떠한 인연으로서
  관세음이라 이름하게 되었나이까

具足妙相尊이　　偈答無盡意하사대

汝聽觀音行의　　善應諸方所하라

弘誓深如海하야　　歷劫不思議며

侍多千億佛하야　　發大淸淨願일새

我爲汝略說하노니　　聞名及見身하야

心念不空過하면　　能滅諸有苦니라

묘한 상호 구족하신 세존께오서
게송으로 무진의에게 답하셨도다

그대는 들을지니 관음의 덕행은
어느 곳 할 것 없이 다 응하느니라
그 서원의 넓고 깊음 바다 같나니
한량없는 아득한 겁 지내오면서
천만억의 부처님을 모두 모시고
맑고 맑은 대원을 세웠느니라

이제 그대 위해 간략히 설하리니
그 이름을 듣거나 그 몸을 보고
마음 모아 지극히 생각을 하면
능히 모든 괴로움을 멸하리로다

① 假使興害意하야　推落大火坑이라도
가사흥해의　　　　추락대화갱

念彼觀音力으로　火坑變成池하며
염피관음력　　　　화갱변성지

② 或漂流巨海하야　龍魚諸鬼難이라도
혹표류거해　　　　용어제귀난

念彼觀音力으로　波浪不能沒하며
염피관음력　　　　파랑불능몰

③ 或在須彌峰하야　爲人所推墮라도
혹재수미봉　　　　위인소추타

念彼觀音力으로　如日虛空住하며
염피관음력　　　　여일허공주

① 어떤 이가 해치려는 생각을 품고
   불구덩이 속으로 밀어 떨어뜨려도
   저 관세음보살을 생각하는 힘으로
   불구덩이가 문득 연못으로 변하리

② 어쩌다 큰 바다에 빠져 표류를 하고
   용과 물고기와 귀신의 난을 만나도
   저 관세음보살을 생각하는 힘으로
   파도가 능히 삼키지를 못하느니라

③ 수미산과 같은 높은 봉우리에서
   어떤 이가 갑자기 밀어 떨어뜨려도
   저 관세음보살을 생각하는 힘으로
   해와 같이 허공에 머무르게 되며

④ 或被惡人逐하야　　墮落金剛山이라도
　　　혹 피 악 인 축　　　　타 락 금 강 산

　　念彼觀音力으로　　不能損一毛하며
　　　염 피 관 음 력　　　　불 능 손 일 모

⑤ 或値怨賊遶하야　　各執刀加害라도
　　　혹 치 원 적 요　　　　각 집 도 가 해

　　念彼觀音力으로　　咸卽起慈心하며
　　　염 피 관 음 력　　　　함 즉 기 자 심

⑥ 或遭王難苦하야　　臨刑欲壽終이라도
　　　혹 조 왕 난 고　　　　임 형 욕 수 종

　　念彼觀音力으로　　刀尋段段壞하며
　　　염 피 관 음 력　　　　도 심 단 단 괴

④ 흉악한 사람에게 쫓기는 바가 되어
　 험난한 금강산에서 굴러 떨어질지라도
　 저 관세음보살을 생각하는 힘으로
　 털끝 하나 상하지 않게 되느니라

⑤ 원수나 도둑들이 주위를 에워싸고
　 제각기 칼을 들고 해치려 할지라도
　 저 관세음보살을 생각하는 힘으로
　 도리어 그들이 자비심을 일으키네

⑥ 왕으로부터 벌을 받는 고난을 만나
　 형을 받고 죽음이 임박했을지라도
　 저 관세음보살을 생각하는 힘으로
　 칼날 등의 흉기가 조각조각 부서지며

⑦ 혹수금가쇄
或囚禁枷鎖하야　수족피추계
手足被杻械라도

염피관음력
念彼觀音力으로　석연득해탈
釋然得解脫하며

⑧ 주저제독약
呪詛諸毒藥으로　소욕해신자
所欲害身者라도

염피관음력
念彼觀音力으로　환착어본인
還着於本人하며

⑨ 혹우악나찰
惑遇惡羅刹과　독룡제귀등
毒龍諸鬼等이라도

염피관음력
念彼觀音力으로　시실불감해
時悉不敢害하며

⑦ 불행히 옥에 갇혀 큰 칼을 쓰거나
   손과 발에 쇠고랑을 찼을지라도
   저 관세음보살을 생각하는 힘으로
   시원스레 풀어져 자유를 얻느니라

⑧ 주술과 저주와 여러가지 독약으로
   해치려는 사람이 있을지라도
   저 관세음보살을 생각하는 힘으로
   오히려 그 사람이 해를 입게 되느니라

⑨ 흉악하기 그지없는 나찰을 만나고
   독룡이나 여러 악귀 만날지라도
   저 관세음보살을 생각하는 힘으로
   누구라도 감히 해치지 못하느니라

⑩ 若惡獸圍繞하야 利牙爪可怖라도
약 악 수 위 요   이 아 조 가 포

念彼觀音力으로 疾走無邊方하며
염 피 관 음 력   질 주 무 변 방

⑪ 蚖蛇及蝮蠍이 氣毒煙火燃이라도
원 사 급 복 갈   기 독 연 화 연

念彼觀音力으로 尋聲自廻去하며
염 피 관 음 력   심 성 자 회 거

⑫ 雲雷鼓掣電하고 降雹澍大雨라도
운 뇌 고 철 전   강 박 주 대 우

念彼觀音力으로 應時得消散하니라
염 피 관 음 력   응 시 득 소 산

⑩ 사나운 짐승들이 주위를 에워싸고
   날카로운 이빨과 발톱으로 위협해도
   저 관세음보살을 생각하는 힘으로
   아득히 먼 곳으로 흩어져 달아나며

⑪ 살모사 등의 독사나 전갈류들이
   타는 불의 연기처럼 독기를 뿜어도
   저 관세음보살을 생각하는 힘으로
   그 소리를 듣고서 스스로 돌아가니라

⑫ 먹구름이 덮히며 천둥 번개가 치고
   우박과 소나기가 크게 퍼부을지라도
   저 관세음보살을 염하는 힘으로
   삽시간에 구름 걷혀 활짝 개이느니라

중생피곤액
衆生被困厄하야

무량고핍신
無量苦逼身이라도

관음묘지력
觀音妙智力으로

능구세간고
能救世間苦니라

구족신통력
具足神通力하고

광수지방편
廣修智方便하야

시방제국토
十方諸國土에

무찰불현신
無刹不現身하며

종종제악취
種種諸惡趣와

지옥귀축생
地獄鬼畜生의

생로병사고
生老病死苦를

이점실영멸
以漸悉令滅하느니라

중생이 갖가지 곤란과 액난을 당해
무량한 고통이 몸을 핍박할 때
관세음보살은 묘한 지혜의 힘으로
세간의 고통에서 능히 구해주느니라

신통력을 두루 갖추고
널리 지혜의 방편을 닦아
시방세계 어느 국토 할 것 없이
몸을 나타내지 않는 곳이 없으며

갖가지 모든 나쁜 세계 중생들
지옥과 아귀와 축생 뿐아니라
나고 늙고 병들어 죽는 고통도
차츰차츰 모두 다 없애느니라

眞觀淸淨觀과　　　廣大智慧觀과

悲觀及慈觀을　　　常願常瞻仰하라

無垢淸淨光의　　　慧日破諸闇하고

能伏災風火하야　　普明照世間하나니

悲體戒雷震이요　　慈意妙大雲이라

澍甘露法雨하야　　滅除煩惱焰하느니라

참다운 관[眞觀]과 청정한 관[淸淨觀]과
넓고 큰 지혜의 관[廣大智慧觀]
그리고 비관(悲觀)과 자관(慈觀)을 닦으며
항상 원하고 항상 우러러 볼지니라

티없이 청정한 광명을 발하는
지혜의 해가 어둠을 몰아내고
온갖 재앙과 풍파를 물리쳐
두루 세간을 밝게 비추나니

대비의 마음은 천둥처럼 진동하고
대자의 뜻은 오묘한 구름이 되어
감로의 법비를 골고루 내려
번뇌의 불길을 꺼 주느니라

諍訟經官處와　怖畏軍陣中이라도

念彼觀音力으로　衆怨悉退散하니라

妙音觀世音과　梵音海潮音과

勝彼世間音을　是故須常念하라

念念勿生疑니　觀世音淨聖이

於苦惱死厄에　能爲作依怙니라

송사나 다툼으로 관청에 가거나
두려운 전쟁터에 있을지라도
저 관세음보살을 생각하는 힘으로
모든 원결이 다 풀어지느니라

묘음(妙音)과 관세음(觀世音)과
범음(梵音)과 해조음(海潮音)과
세간을 뛰어 넘는 승피세간음을
언제나 모름지기 염할지니라

한 생각이라도 의심하지 말지니
청정하고 거룩한 관세음보살은
죽음의 액난으로 고뇌하고 있을 때
능히 의지가 되고 감싸주느니라

具一切功德하야　　慈眼視衆生하며

福聚海無量일새　　是故應頂禮니라

爾時에 持地菩薩이 卽從座起하야 前白佛言하사대

世尊하 若有衆生이 聞是觀世音菩薩品自在

之業과 普門示現의 神通力者는 當知是人의 功

德이 不小로소이다

62

일체의 공덕을 두루 갖추어

자비의 눈으로 중생을 보살피며

바다처럼 복덕이 한량없으니

마땅히 머리 숙여 예배할지니라

그때 지지보살이 자리에서 일어나 부처님 앞으로 나아가 사뢰었다.

세존이시여, 어떠한 중생이 이「관세음보살보문품」의 자재한 업과 보문(普門)으로 나타내는 신통력에 대해 듣는 이가 있으면, 이 사람의 공덕이 결코 적지 않다는 것을 능히 알겠나이다.

佛說是普門品時에 衆中에 八萬四千衆生이

皆發無等等阿耨多羅三藐三菩提心하니라

부처님께서 이「보문품」을 설하실 때, 대중 가운데 팔만사천 중생이 가히 견줄 바 없는 아뇩다라삼먁삼보리심을 발하였다.

'관세음보살' 염불

1천번 ~ 1만번 염송

각자의 형편에 맞게

1천번 · 3천번 · 5천번 ·

7천번 · 1만번 등의

염불 횟수를 정하여

'관세음보살'을 염송함.

[구체적인 방법은 p.80~88 참조.]

관음경의 독송과 관음염불법

김 현 준 (불교신행연구원 원장)

1. 기도를 하기 전에 미리 알아둘 일

관음기도의 방법은 간단합니다. 기본적으로 관음경을 먼저 읽고 다음에 '관세음보살'의 명호를 입으로 외우면서 그 분을 생각하며 기도를 하면 됩니다. 그러나 많은 불자들이 기도에 따른 주변 사항에 대해 궁금해하는 경우가 많으므로, 그것부터 먼저 이야기하고자 합니다. 사항별로 나누어 간략히 정리해 보겠습니다.

① 장소 : 처음 기도를 하는 이는 조용한 곳에서 행하여야 합니다. 절에서 염불참회를 할 때는 법당 안에서 하면 족하겠지만, 집에서 행할 때는 방해받지 않을 조용한 공간을 택하십시오. 어떤 이는 처음 기도를 할 때 집도 좁고 가족들도 이해를 해주지 않아 부엌 또는 목욕탕

에서 하였다고 합니다. 물론 나중에는 가족들이 이해하고 동참하여 집안의 가장 좋은 공간에서 기도하게 되었지만….

때로는 '어느 쪽을 향하여 기도를 해야 하는가'를 질문하는 이가 많은데, 가재도구가 많은 집안에서 기도를 위한 별도의 방을 갖거나 아늑한 공간을 찾기가 쉽지 않을 것입니다. 그때는 방에서 넓게 비어있는 공간을 향해 해도 좋고, 거울 앞에 앉아 자신의 얼굴을 보며 행하여도 무방합니다. 산란하지 않은 방향을 택하면 됩니다.

② 관음상 모시기 : '집에서 밋밋한 벽을 향해 기도를 하니 신심이 솟지 않는다'며, 마음을 집중하는 데 도움이 되는 무엇인가를 모셨으면 하는 불자들이 많습니다. 그런데도 '집안에 불상 등을 모시면 좋지 않다는 말을 들었다'며 선뜻 모시지 못하는 이들이 있습니다.

그러나 조선시대 5백년의 억불정책으로 인해 생겨난 이 나쁜 속설을 올바른 불자들이 따를 필요는 없습니다. 지구상의 모든 불교국가들이 가정에다 불상을 모셔놓고 아침저녁으로 예불을 올리고 있거늘, 유독 우리나라만은 '좋지 않다'며 거부를 하고 있습니다. 저를 비롯한 주위의 많은 사람들이 가정에 불상을 모셔서 잘못된 경우를 보지 못하였으니 안심하시고 모셔 보십시오. 불상을 모신다고 하여 노여워할 불보살님은 절대로 없습니다.

모실 대상물로서 가장 좋은 것은 조그마한 관세음보살상입니다. 그러나 관세음보살상을 모시는 것이 용이하지 않으면 관세음보살님의 사진도 좋고, 불교 달력에 있는 좋은 상호를 택하여 붙여 놓아도 됩니다(불교신행연구원에서 관세음보살 액자를 만들어 보급하고 있음).

작은 것에 구애되기보다는, 마음을 잘 모으고 기도가 잘 되게 하는 쪽으로 방편을 선택하시기 바랍니다.

③ 때 : 마음을 잘 모을 수 있는 때라면 언제라도 좋지만, 가급적이면 일어나서 씻은 다음의 시간이나 잠자기 전의 밤중, 주부라면 남편과 자식들이 나가고 난 다음의 오전시간이 좋습니다.

④ 소요시간 : '몇 시간 동안이나 기도를 해야 하느냐' 는 '어떤 일로 기도를 하느냐' 에 따라 달리 잡아야 합니다.

만일 특별한 소원이 있어 관음기도를 할 경우라면 적어도 아침저녁으로 1시간씩은 하여야 하고, 매우 다급하고 힘든 경우라면 하루종일 한다는 각오로 임해야 합니다. 오나가나 앉으나 서나 관음염불을 해야 합니다.

그러나 관음기도를 하면서 관세음보살님의 은근한 가피를 바라는 경우라면 하루 한 시간 정도로 시간을 정하는 것이 좋습니다. 그리고 여러 가지 일로 시간을 많이 낼 수 없는 이라 할지라도 최소한 30분은 해야 합니다.

한차례의 관음경 독송에 3천 번의 '관세음보살' 염불을 하는 정도가 좋습니다.

그리고 염불을 할 때 염주알 천 개를 꿰어 만든 천주(千珠)를 돌리며 하게 되면 훨씬 효과적입니다.

⑤ 기간 : 또 한 가지, 많은 불자들이 궁금해하는 것은 기도의 기간입니다. '얼마 동안이나 하면 업장이 소멸되어 내가 번민하고 있는 문제가 풀리겠는가' 하는 것입니다. 그 기간은 경우에 따라 다르며, 《대집경》에는 다음과 같은 가르침이 있습니다.

> "혹 하룻밤이나 이레 동안이라도 다른 업을 짓지 말고 지극한 마음으로 염불하여 보라. 조금 염하면 업을 조금 녹이고, 많이 염하면 업을 많이 녹이느니라."

관음기도를 통하여 '얼마나 빨리 업장을 녹이느냐' 하는 것은 기도하는 이의 정성과 업의 두께에 따라 다를 수밖에 없습니다. 그러나 굳이 이야기를 하라면 최소기간을 삼칠일(21일)로 잡는 것이 좋고, 보통은 백일기도를 함이 바람직합니다.

그리고 한번 기간을 정하여 업장이 녹지 않을 때는 두 번 세 번 거듭거듭 마음을 모아 행하겠다는 자세를 갖추어야 합니다. 또 깨달음을 이루기 위한 기도라면 평생을 할 각오를 해야 합니다.

　이렇게 기한을 정하여 꾸준히 기도를 하다 보면 그 날짜가 다 채워지기도 전에 가피를 입는 듯한 징조를 감지하게 되는 경우가 있습니다. 그렇다고 하여 회향일 전에 기도를 그만두지 말고, 꾸준히 계속하여 날짜를 채우는 것이 좋습니다.

　⑥ 자세 : 기도를 할 때는 무릎을 꿇고 앉든지, 가부좌한 자세로 단정히 앉아 행하여야 합니다. 또 가부좌를 하기가 힘이 든다면 의자에 단정히 앉아 행하여도 괜찮습니다. 그리고 바르게 앉을 수 없을 만큼 몸이 좋지 않은 경우라면 벽에 기대거나 누워서 해도 무방합니다.

　⑦ 공양물 : 예상 밖으로 '집에서 기도를 할 때 음식을 차려야 하는가'를 묻는 불자들이 많습니다. 기본적으로 향을 피우는 것으로 족하며, 조금 더 한다면 꽃과 촛불, 정안수까지는 괜찮습니다. 그러나 음식물을 공양하게 되면 잡된 신이 찾아들 수 있으므로 올리지 않는 것이 좋습니다.

　그리고 불사(佛事)에 동참한다는 마음으로 형편에 맞게 가족의 축원을 곁들인 한 푼씩의 돈을 올렸다가 절이나 복지단체, 기타 좋은 일에 보시하는 것도 훌륭한 방편이 될 수 있습니다.

⑧ 부득이 못하게 될 경우 : 여행이나 특근 등으로 집에서 기도를 할 수 없는 경우라면 스스로가 정한 시간만큼 어디서든 하는 것이 좋고, 그것이 어려우면 단 열 번이라도 '관세음보살'의 명호를 외운 다음 사정을 고하여야 합니다.

"오늘은 특별한 사정 때문에 기도를 제대로 행하지 못하게 되었습니다. 이 허물을 받아 주시옵소서. 내일은 올바로 잘 하겠습니다."

그리고 스스로가 세운 축원과 발원을 염하십시오. 이렇게 하면 한 번 하지 않은 것을 핑계삼아 계속하지 않게 되는 허물을 막을 수 있습니다.

2. 관음경을 독송하는 방법

1) 경문을 읽기 전에

① 먼저 3배를 올리고 '관세음보살님! 감사합니다'를 세 번 염한 다음, 관음경을 펼쳐들고 축원부터 세 번 하여야 합니다.

"시방세계의 충만하신 관세음보살님이시여, 세세생생 지은 죄업을 모두 참회드리옵니다.

이제 이 경을 읽는 공덕을 선망조상과 일체중생의 행복을 위해 바칩니다.

아울러 저희 가족 모두가 건강하옵고, 하는 일이 다 순탄하여 지이다."(3번)

이렇게 기본적인 축원을 하고, 꼭 성취되기를 바라는 일이 있으면 추가로 축원을 하십시오. 이 경우에는 각자의 원(願)에 맞게 적당한 축원문을 만들어 축원을 하고 발원을 하는 것도 매우 좋은 방법입니다.

② 축원을 한 다음 「개법장진언」 '옴 아라남 아라다'(3번)를 염송합니다. 흔히 정구업진언·오방내외안위제신진언·개경게(開經偈)로

구성된 「전경(轉經)」을 외우기도 하는데, 「개법장진언」만으로 족합니다.

③ 개법장진언 다음에는 관음경의 본래 이름인 '나무실상묘법연화경 관세음보살보문품'을 세 번 꼭 외우십시오.

나무실상묘법연화경 관세음보살보문품
나무실상묘법연화경 관세음보살보문품
나무실상묘법연화경 관세음보살보문품

경의 제목을 외우는 공덕이 매우 크기 때문에 불교집안에서는 어떠한 경전이든 본문을 읽기 전에 경의 제목을 세 번 읽도록 가르쳐 왔습니다. 그러므로 절에서나 집에서나 관음경을 독송할 때는, 꼭 '나무실상묘법연화경 관세음보살보문품'을 세 번씩 염송하여야 합니다.

경의 제목은 그 경전 내용의 핵심을 담고 있으므로 공덕이 더욱 크다는 것을 마음에 새겨, 꼭 세 번씩 독송하시기를 당부드립니다.

2) 경문을 읽을 때

① 관음경 본문을 독경할 때는 원래 부처님께서 설하신 경문만을 읽고, 분류의 편의를 위해 표기한 ① ② ③ 등의 숫자는 읽지 않습니다.

② 관음경을 읽을 때 한문 해독 능력이 뛰어 난 이라면 한자음으로 읽는 것이 좋지만, 한문 해독 능력이 충분하지 못한 이는 원문의 뜻을 한글로 풀어놓은 번역본을 읽는 것이 좋습니다. 읽는 내가 내용을 이해하지 못하고 글자만 읽게 되면, 감동이 없을 뿐 아니라 공덕 또한 크게 떨어지기 때문입니다.

아울러 번역본이 능숙해지면 좌측 페이지의 한자 원문을 대조하면서 더 깊은 뜻을 새겨보시기 바랍니다.

관음경을 읽을 때는 반드시 '나' 스스로에게, 그리고 법계의 중생들에게 들려준다는 자세로 정성껏 읽어야 합니다. 절대로 '그냥 한 편을 읽기만 하면 된다'는 자세로 뜻 모르고 읽어서는 안됩니다. 스스로 뜻을 새기고 이해를 하며 읽는 것이 무엇보다 중요하다는 것을 꼭 명심하시기 바랍니다.

③ 관음경을 읽다가 특별히 마음에 와닿는 구절이 있거나, 이해가 잘 되지 않는 부분이 있으면 다시 한번 읽으며 사색에 잠기는 것이 좋습니다. 독경을 한다고 하여 처음부터 끝까지 쫄쫄쫄 시냇물 흘러가듯 읽어내려가야 할 필요는 없습니다. 왜냐하면 독경보다는 간경(看經)이 훨씬 더 수승한 공덕을 나타내기 때문입니다.

간경! 간경은 경전을 눈으로 보고 입으로 읽는 것을 넘어서서, 마음으로 보고 마음으로 느끼며 읽는 것입니다. 경전의 내용이 '나'의 마음 속에 또렷이 살아 있도록 하는 것, 경전의 내용을 '나'의 것으로 만드는 것이 간경인 것입니다.

이렇게 간경을 하면 관음경의 내용이 차츰 '나'의 것이 되고, 관음경의 가르침이 '나'의 것이 되면 관세음보살님과 불이(不二)가 되어 기도성취는 물론이요 무량공덕이 저절로 생겨나게 됩니다. 거듭거듭 당부드리오니, 결코 관음경을 형식적으로 읽지 마시기 바랍니다.

④ 관음경을 다 읽었으면 다시 축원을 세 번 하여야 합니다. 그 요령은 시작할 때와 같습니다. 그리고 발원(發願)을 합니다. '내가 어떻게 하겠다'는 맹세의 원을 발하는 것입니다.

⑤ 마지막으로 회향축원을 세 번 하여야 합니다.

"이 경을 읽은 공덕을 법계 일체 중생의 발보리심과 해탈과 행복에 회향하옵니다. 아울러 저희 또한 지은 업장을 소멸하여 위없는 깨달음을 이루어지이다."(3번)

꼭 관음경을 읽은 공덕을 회향하여 마음밭에 새로운 씨를 심으시기 바랍니다.

3) 독송의 기간 및 횟수

① 가피와 고난 퇴치, 소원성취를 이룰 목적으로 관음경을 읽을 때는 최소한 21일은 독송하여야 하며, 원에 따라 백일기도, 천일기도를 행하도록 합니다. 옛 어른들은 집안의 평안과 명훈가피를 기원하며 평생을 독송한 이도 있습니다.

하루의 독송 횟수는 최소한 1독은 하여야 하며, 하루 여러 독씩 읽어 총 1천독을 채울 것을 권하고 싶습니다. 총 1천독을 하게 되면 관세음보살님의 자비와 저절로 함께 하게 되고, 그 자비속에서 하루하루가 행복하고 좋은 날로 바뀌게 되기 때문입니다. 이에 이 책의 뒤에 1독 할 때마다 1칸씩 채워 1천독 한 것을 표기할 수 있도록 1천 칸을 마련해 두었습니다.

그러나 사람에 따라 형편과 능력이 다를 것이므로 스스로 독송 기간과 횟수를 잘 선택하여 기도하도록 하십시오. 만일 시간이 많지 않은 사람은 하루 1독이라도 좋으니 꾸준히 하여 스스로가 정한 횟수를 채우기 바랍니다. 단, 한번 정하였으면 아주 특별한 일이 일어나지 않는 이상 변경하지 않는 것이 좋습니다.

② 관음경을 공부를 위하여, 또는 명훈가피를 위하여 독경하는 경우에는, 기간을 정하지 말고 하루 1독~3독씩 꾸준히 하는 것도 바람직합니다.

3. 관음염불의 방법

관음경을 통하여 관세음보살님의 대위신력을 마음에 담은 불자라면, 독경 후 축원과 회향을 한 다음 곧바로 '관세음보살'을 외우며 관세음보살의 가피를 담는 염불을 행하는 것이 매우 좋습니다.

관음염불의 방법은
① 입으로 '관세음보살'의 명호를 외우고
② 관세음보살님을 생각하면서
③ 마음 속으로 '관세음보살님, 감사합니다. ~을 이루게 해주셔서 감사합니다' 하는 것으로 모아집니다.

이러한 관음염불의 방법과 요령을 조금 더 상세히 살펴봅시다.

1) '관세음보살'의 명호를 입으로 외울 때의 요령

'관세음보살'을 염불하는 방법이 따로 정해져 있는 것은 아닙니다. 입으로 외우라 했다고 하여 반드시 입 밖으로 큰소리가 나와야 하는 것도 아닙니다. 때로는 크게 할 수도 있고, 때로는 작게 할 수도 있으며, 때로는 혼자만의 속삭임처럼 외울 수도 있습니다. 마음이 답답하거나 다급한 일이 있다면 절을 하면서 크게 외칠 수도 있습니다.

또한 '큰 소리로 염불을 하면 열 가지 공덕이 있다'는 말을 듣고 일부러 큰 소리로 염불을 하는 불자들도 있습니다. 그러나 공덕의 크고 작음은 마음을 얼마나 잘 모아 기원하고 염불하느냐에 달려 있는 것일 뿐, 소리의 크고 작음과는 별 상관이 없습니다. 오히려 소리를 크게 냄으로써 주위 사람들의 반감을 불러일으키는 경우도 있으므로, 처한 환경에 따라 소리의 강약을 조절하는 것이 좋습니다.

그리고 염불하는 소리는 끊임없이 이어지도록 하는 것이 최상입니다. 남이 듣는 소리로서가 아니라, '나' 속에서 끊임없이 이어져야 합니다. 그렇게 하기 위해서는 다음과 같은 요령을 취하는 것이 좋습니다.

염불을 시작하기 전에 심호흡을 세 번 또는 일곱 번 하십시오. 그리고 아랫배까지 숨을 가득 들이켜 '관-세음-보-살, 관-세음-보-살' 하면서 천천히 시작하되, 다섯 번 정도가 지나면서부터 점점 빨리 부르기 시작하여 마침내는 한번 한번 부르는 '관세음보살' 명호의 앞뒤가 간격이 없을 만큼 빠르게 불러야 합니다.

이때 염불을 하고 있는 사람은 한번 한번 '관세음보살'을 분명히 염송하지만, 옆에 있는 사람은 무슨 소리인지 알아듣지를 못합니다. 그리고 입만 달싹거릴 뿐, 소리가 거의 밖으로 새어나오지 않게 불러도 무방합니다.

숨을 내쉴 때만 '관세음보살'을 외우는 것이 아니라, 숨을 들이쉴 때도 외어야 합니다. 또한 염불을 하면서 숨을 들이킬 때는 그 기운이 몸 깊숙한 곳까지 들어가도록 해야 합니다. 짧은 호흡이 아니라 긴 호흡을 하면서 염불하라는 것입니다. 이렇게 하면 단 1초도 염불이 끊어지지 않게 됩니다.

또 한 가지, 매우 다급하고 속히 이루어야 할 일이 있어 관음염불을 하는 경우라면, 그 일의 다급함만큼 염불도 열심히 몰아붙여야 합니다.

참으로 애가 타고 '나'의 능력으로는 어찌할 수 없어 애간장이 녹아날 일이 있다면 이것저것 생각할 겨를이 없습니다. 모든 것을 불보살님께 맡기고 배고픈 아기가 어머니를 찾듯이, 갈증으로 신음하는 사람이 물을 찾듯이, 중병을 앓는 이가 용한 의사를 찾듯이, 간절한 마음으로 불보살님의 명호를 불러야 합니다.

밥을 먹을 때도 속으로는 '관세음보살'을 부르고, 뒷간에서 볼 일을 볼 때도 불러야 합니다. 적당하고 형식적인 염불로는 안 됩니다. 지극하게 매달려야 합니다. 진한 땀이 흘러나오고 눈물이 쑥 빠지도록 열심히 염하게 되면, '나'의 힘으로는 어찌할 수 없는 일도 며칠이 지나지 않아 해결을 볼 수 있게 됩니다.

요즈음 이 나라에는 경제난 등 여러가지 이유로 고통을 받고 있는 사람이 매우 많습니다. 하루아침에 직장을 잃고, 재물을 날리고, 가족이 흩어지는 등…. 이렇게 시련이 닥쳐왔을 때 그 당사자는 모든 것을 잃은 듯이 생각합니다. 참으로 고통이 클 것입니다.

그러나 무상(無常)하게 불행이 다가왔듯이, 불행도 때가 되면 무상하게 가버립니다. 이 어려운 고비를 한숨으로 지새지 말고 관음염불로 자리메꿈을 해보십시오. 조급증을 내지 말고 관음염불을 하십시오. '나는 이제 죽었다' 싶으면 죽을 각오로 염불을 하십시오. 그렇게만 하면 업장이 녹으면서 복이 찾아듭니다.

우리가 살고 있는 이 법계에는 자비와 행복의 기운이 가득 충만되어 있습니다. 그 자비와 행복의 기운을 '나'의 것으로 만들게 하는 것이 관음염불입니다. 오히려 지금의 시련을 '나'의 업장을 녹여 큰 복을 담을 수 있는 기회로 생각하고, 꼭 관음경 독송 뒤에 관음염불을 해보시기를 당부드립니다.

2) 관세음보살을 생각하는 법
'관세음보살을 생각하라' 함은 관상(觀想)을 하라는 것입니다.

관음염불을 할 때 관세음보살을 염(念)하라고 하면, 사람마다 제 나름대로 생각하게 됩니다. 그러나 '염(念)'을 보다 정확히 해석하면 눈으로 보는 것이 아니라, '마음으로 보는 관(觀)'을 하며 생각하라는 것입니다.

간단히 말해 입으로 끊임없이 관세음보살의 명호를 외우면서 관세음보살님의 모습을 떠올려야 합니다. 하지만 불보살님의 모습을 그냥 단순히 그려보는 것이 아니라, '나' 또는 가피를 입었으면 하는 대상이 관세음보살의 미간백호로부터 뿜어져 나오는 광명을 듬뿍 받고 있는 모습을 떠올려야 합니다.

한 예로서, 어머니가 아들의 대학시험 합격을 위해 관세음보살을 외우며 기도를 올린다고 합시다. 이때 어머니는 입으로 끊임없이 관세음보살을 부르면서, 관세음보살님이 미간의 백호에서 뿜어낸 자비광명으로 아들을 비추고 있는 모습을 떠올려야 합니다.

그렇게 하면서 합격을 기원하면 관세음보살의 밝은 가피가 아들에게로 바로 향하게 되어, 아들은 건강하게 공부도 잘 하고 시험에도 능히 합격을 하는 좋은 결실을 맺을 수 있게 되는 것입니다.

특히 가족끼리는 뇌파작용이 어느 누구보다도 강하기 때문에, 이렇게 관상을 하며 염불을 하면 관세음보살님의 자비광명이 훨씬 빨리 전달됩니다. 실로 밝은 광명을 받게 되면 어둠의 장애가 사라지기 마련이요, 장애가 없으면 뜻대로 이룰 수 있음이 자명한 이치이지 않습니까!

'나'에게 장애가 있거나 이룰 일이 있을 때에도, '나'에게로 관세음보살님의 자비광명이 쏟아져 내리는 모습을 관하면서 관음염불을 해 보십시오. 참으로 관세음보살님의 무한자비와 불가사의한 힘을 느끼게 될 것입니다.

저는 기도법을 묻는 사람들에게 이 방법을 많이 일러줍니다. 몸이 아픈 사람, 자식 걱정이 많은 사람, 사랑을 갈구하는 사람, 직장을 얻고자 하는 사람, 돈 때문에 고민하는 사람 등…. 그런데 묘하게도 이와 같은 방법으로 기도를 하였더니 소원대로 되었다는 분들이 많았습니다.

왜 이렇게 기도를 하면 가피를 빨리 입게 되는 것일까?

바로 집중이 잘 되기 때문입니다. '관세음보살'의 자비광명이 가피를 입을 대상에게로 향하도록 하고 입으로 '관세음보살'의 명호를 끊임없이 부르면, '관세음보살님'과 관세음보살을 부르는 '나'와 '가피를 입을 자 또는 일'이 하나를 이루게 됩니다. 곧 삼위일체가 되는 것입니다. 자연 단순히 명호만 외우는 염불보다 마음이 훨씬 더 잘 모여지게 됩니다.

모름지기 집중이 잘 되면 마음이 고요해지고, 마음이 고요해지면 맑아지고, 마음이 맑아지면 밝아져서 마침내 지혜의 빛이 뿜어져 나오게 됩니다. 그때가 되면 녹아내리지 않을 업장이 어디에 있고 이루지 못할 기도가 어디에 있겠습니까?

한 가지 당부를 드리고 싶은 것은, 이렇게 관상을 할 때 눈을 뜨고 관하는 습관을 들이라는 것입니다.

관상을 할 때 눈을 뜨고 있으면 생각이 자꾸 흩어지는 것 같고, 눈을 감으면 마음이 잘 가다듬어지는 것 같이 느껴집니다. 물론 초기에는 그러합니다. 그렇지만 며칠을 지나서 보면 눈을 감을수록 번뇌가 더 많아지는 것을 알 수 있게 됩니다. 잘 명심하셔서 눈을 뜬 채로 관상을 하시기 바랍니다.

3) 항상 마음으로는 '감사합니다'

관음염불을 할 때는 항상 '감사하다' 는 마음가짐이 지속되어야 함이 원칙입니다. 감사를 느낄 때 대우주의 성취 파장이 가장 빨리 다가오기 때문입니다.

그러므로 관세음살님의 명호를 부르고 관상을 하면서, 마음 속으로는 '감사합니다, 관세음보살님', '관세음보살님, 저희의 소원을 이루어 주셔서 감사합니다' 등의 속삭임이 끊임없이 이어져야 합니다.

어떤 이는 이에 대한 의문을 일으킬 것입니다.

"현재 이루어지지도 않았는데 왜 '이루어주셔서' 라고 하지?"

그러나 이 또한 기도의 한 방법입니다. 미래의 성취를 이미 이룬 과거형으로 바꿈으로써 틀림없는 성취를 이끌어 내는 것입니다.

그리고 소원이 있으면 '관세음보살님께서 알아서 해주겠지' 하지 말고, 함축성 있는 발원의 구절을 만들어 봄이 좋습니다. 이 경우, '나' 의 이기적인 욕심만 풀어놓지 말고 자리이타(自利利他)가 될 수 있는 원을 발하여야 합니다. 예를 들어보겠습니다.

"관세음보살님, 잘못했습니다. 꼭 저의 ○○한 소원이 이루어지게 하옵고, 모든 중생에게 관세음보살님의 자비와 지혜와 행복의 빛이 충만하여지이다."

"감사합니다, 관세음보살님. 모든 이를 살리는 이 몸이 되겠나이다. 일체 재앙이 티끌로 화하고 소원이 성취되어지이다."

이렇게 무조건 잘못을 참회하고 감사하면서, 나와 남을 함께 이롭게 하는 자리이타의 원을 발하여 보십시오. 모든 업장을 만들었던 이기심이 스르르 무너지면서 가피를 입음은 물론이요, 새롭게 태어날 수 있습니다.

한가지 더 당부드리고 싶은 것은, 관음염불이 모두 끝난 다음 가족을 향해 3배를 올리라는 것입니다.

가족을 향해 3배를 할 때는 불보살님께 예배를 올리듯이 정성껏 하여야 합니다. 물론 그 당사자 앞에 가서 하라는 것은 아닙니다. 부모나 배우자, 아들딸이 있는 쪽으로 향해 몸을 돌려 절을 하거나, 기도하는 그 자리에서 가족의 모습을 떠올리며 절을 하면 됩니다. 그리고 3배를 할 때는 절 한번에 참회의 말을 세 번씩 하십시오.

"은혜롭고 사랑스런 당신, 제가 잘못했습니다. 잘못했습니다. 잘못했습니다."

"갑돌아, 내가(엄마가, 아빠가) 잘못했다. 내가 잘못했다. 내가 잘못했다."

이렇게 마음속으로 절 한 번에 세 번씩 하여 3배를 통하여 총 아홉 번을 참회합니다.

3배를 마친 다음에는 엎드린 채로 축원을 해주십시오.

"대자대비하신 관세음보살님! 저희 남편(아내·아들·딸)이 항상 건강하옵고 뜻하는 바가 이루어지게 하옵소서. 남편에게 자비와 지혜와 행복이 충만하여지이다." (3번)

이 예와 같이, 적절한 축원의 문구를 만들어 가족 한 사람 한 사람 마다 3배를 올리고 세 번씩 거듭 축원해주면 됩니다.

이상의 '관세음보살' 염불을 잘 행하여 모든 불자들이 관세음보살님의 가피를 입고, 자비와 지혜와 행복이 충만된 삶을 살 수 있게 되기를 깊이 깊이 축원드립니다.

나무대자대비관세음보살.

내가 확인하는 독경 횟수

※한 번 독경할 때마다 한 칸씩 확인하세요.

1									10			
						20						
									50			
							100					
					150							
			200									

		250									
300											
										350	
								400			
					450						

				500								
			550									
	600											
												650
										700		

								750				
					800							
			850									
		900										
950												
											1000	🌸

한글 **관 음 경**

초 판 1쇄 펴낸날   2006년   4월 27일
          16쇄 펴낸날   2025년   1월 10일

옮긴이 우룡큰스님
엮은이 불교신행연구원(김현준)
펴낸이 김연지

펴낸곳 효림출판사
등록일 1992년 1월 13일 (제2-1305호)
주 소   서울특별시 서초구 반포대로14길 30, 906호 (서초동, 센츄리I)
전 화   02-582-6612, 587-6612
팩 스   02-586-9078
이메일   hyorim@nate.com

값 4,000 원

영험 크고 성취 빠른 각종 사경집 (책 크기 4×6배판)

※ 정성껏 사경하면 큰 가피가 저절로 찾아들고, 업장참회는 물론이요 쉽게 소원을 성취할 수 있습니다. 각 책마다 사경의 방법을 자세하게 설명해 놓았습니다.

광명진언 사경 가로·세로쓰기
(1책으로 1080번 사경) 128쪽 5,000원
모든 불보살님의 총주總呪인 광명진언을 사경하면 그 가피력은 이루 다 말할 수 없을 정도입니다. 하루 108번씩 100일 동안 사경을 행하면 우리에게 크나큰 성취를 안겨주고 심중의 소원이 잘 이루어집니다.

반야심경 한글사경 (1책 50번 사경) 116쪽 5,000원
반야심경 한문사경 (1책 50번 사경) 116쪽 5,000원
반야심경을 사경하면 호법신장이 '나'를 지켜주고 공의 도리를 깨달아 평화롭고 안정된 삶이 함께합니다.

아미타경 한글사경 (1책 7번 사경) 116쪽 5,000원
살아 생전에 아미타경을 사경하거나, 부모님을 비롯한 가까운 분이 돌아가셨을 때 이 경을 쓰면 극락왕생이 참으로 가까워집니다.

관음경 한글사경 (1책 5번 사경) 112쪽 5,000원
관음경을 사경하면 가피가 한량이 없고 늘 행복이 함께 합니다. 학업성취·건강쾌유·자녀의 성공·경제문제 등에도 영험이 매우 큽니다.

신묘장구대다라니 사경 (1책 50번 사경) 5,000원
대다라니를 사경하면 관세음보살님과 호법신장들이 '나'와 주위를 지켜주고 소원성취와 동시에, 행복하고 자비심 가득한 마음을 가질 수 있도록 해줍니다.

보현행원품 한글사경 (1책 3번 사경) 120쪽 5,000원
행원품을 사경하면 자리이타의 삶과 업장 참회, 신통·지혜·복덕·자비 등을 빨리 이룰 수 있고 세세생생 불법과 함께하며 보살도를 성취할 수 있습니다.

부모은중경 사경 (1책 3번 사경) 112쪽 5,000원
부처님께서는 부모님의 은혜를 새기면서 이 경을 쓰게 되면 그 어떤 행보다 큰 공덕이 생겨난다고 하였습니다. 정성 들여 사경하면 뜻하는 바가 이루어집니다.

아미타불 명호사경 (1책으로 5,400번 사경) 160쪽 6,000원
'나무아미타불'과 '아미타불'을 오회염불법에 따라 외우고 쓰는 특별한 명호사경집입니다. 집중력을 더하여, 심중 소원 성취에 큰 도움을 줍니다.

금강경 한글사경 (1책 3번 사경) 144쪽 6,000원
금강경 한문사경 (1책 3번 사경) 144쪽 6,000원
금강경 한문한글사경 (1책 1번 사경) 100쪽 4,000원
요긴하고 으뜸된 경전인 금강경을 사경해 보십시오. 업장소멸과 함께 크나큰 깨달음과 좋은 일들이 저절로 다가옵니다.

법화경 한글사경 (전5책) 권당 5,000원 총 25,000원
법화경을 사경하면 부처님과 대우주법계의 한량없는 가피가 저절로 찾아들어 소원성취·영가천도는 물론이요 깨달음과 경제적인 풍요까지 안겨줍니다.

약사경 한글사경 (1책 3번 사경) 112쪽 4,000원
약사경을 사경하면 약사여래의 가피가 저절로 찾아들어, 병환의 쾌차, 집안 평안, 업장소멸을 비롯한 갖가지 소원을 쉽게 성취할 수 있습니다.

천수경 한글사경 (1책 7번 사경) 112쪽 5,000원
천수경을 사경하고 독송하면 천수관음의 가피가 저절로 찾아들어, 업장 및 고난의 소멸과 갖가지 소원을 쉽게 성취할 수 있습니다.

지장경 한글사경 (1책 1번 사경) 144쪽 6,000원
지장경을 사경하고 영가천도는 물론이요, 각종 장애가 저절로 사라지고 심중의 소원이 성취됩니다. 백일 또는 49일 동안의 사경기도를 감히 권해 봅니다.

화엄경약찬게 사경 (1책 12번 사경) 112쪽 5,000원
화엄경약찬게를 쓰면 화엄경 한 편을 읽는 것과 같은 공덕이 생긴다고 하였습니다. 약찬게를 써 보십시오. 수많은 가피가 함께 찾아듭니다.

천지팔양신주경 사경 (1책 3번 사경) 112쪽 5,000원
옛부터 건축·결혼·출산·사업·죽음 등 평생의 삶 중에서 중요한 때마다 읽고 쓰면 크게 길하고 이롭고 장수하고 복덕을 갖추게 된다고 전해지고 있습니다.

보왕삼매론 사경 (1책으로 27번 사경) 120쪽 5,000원
삶의 문제들을 지혜롭게 해결하는 방법을 제시한 보왕삼매론을 사경하면 생활 속의 걸림돌이 디딤돌로 바뀌고 고난이 사라져 편안하고 행복해집니다.

관세음보살 명호사경 (1책으로 5천4백번 사경) 108쪽 5,000원
지장보살 명호사경 (1책으로 5천번 사경) 108쪽 5,000원
'관세음보살'이나 '지장보살'의 명호를 쓰면서 입으로 외우고 마음에 새기면, 관세음보살님과 지장보살님의 가피를 입어 몸과 마음이 큰 변화를 이루고, 마음속의 원을 능히 성취할 수 있습니다.

기도 및 영가천도 법보시용으로 좋은 책

광명진언 기도법 / 일타스님·김현준   6,000원
광명진언 속에 새겨진 참의미와 바른 기도법, 빠른 기도
성취법 등을 자상하게 설하고, 유형별 기도성취 영험담
을 다양하게 수록하였습니다.   (180쪽)

생활 속의 기도법 / 일타스님   6,000원
여러 가지 상황에 따른 구체적인 기도방법에서부터 기
도할 때 지녀야 할 마음가짐까지, 자상한 문체로 예화
를 섞어 쉽고 재미있게 엮었습니다.   (160쪽)

기 도祈禱 / 일타스님   9,000원
총6장 52편의 다양한 기도성취 영험담으로 엮어진 이
책을 읽다보면 올바른 기도법과 기도성취의 지름길을
알 수 있게 됩니다.   (240쪽)

기도 성취의 지름길 / 우룡스님   5,000원
가족을 향한 참회와 3배 기도의 큰 영험에 대해, 그리고
믿음·정성과 함께 기도의 고비를 잘 넘길 것을 설한 감
동적인 기도법문집.   (4X6판 160쪽)

기도 이야기 / 우룡스님   7,000원
총 6장 45편의 다양한 이야기와 이야기 끝에 붙인 스님
의 해설을 읽고 기도하면 감응의 길이 열리면서 심중소
원을 성취하게 됩니다.   (204쪽)

불교의 자녀사랑 기도법 / 김현준   6,000원
부처님의 가르침에 의지하여 정립한 이 책의 내용에 따
라 자녀를 사랑하고 기도하면 자녀들이 뜻하는 바 소원
을 성취하고 행복과 평화를 누릴 수 있습니다.   (240쪽)

화엄경약찬게 풀이 / 김현준   8,000원
화엄경약찬게는 매우 난해하지만 이 풀이를 본 다음에
읽으면 명확하게 파악할 수 있고 화엄경의 내용까지 꿰
뚫어, 대화엄의 세계에서 노닐 수 있게 됩니다.   (216쪽)

● 부처님오신날 법보시용으로 좋은 휴대용 불서 ●

행복과 성공을 위한 도담 / 경봉스님	4×6판	100쪽	3,500원
일상기도와 특별기도 / 일타스님	4×6판	100쪽	3,500원
불교예절입문 / 일타스님	4×6판	100쪽	3,500원
행복을 여는 감로법문 / 일타스님	4×6판	100쪽	3,500원
불자의 삶과 공부 / 우룡스님	4×6판	100쪽	3,500원
불성 발현의 길 / 우룡스님	4×6판	100쪽	3,500원
광명진언 기도법 / 일타스님·김현준	4×6판	100쪽	3,500원
보왕삼매론 풀이 / 김현준	4×6판	100쪽	3,500원
바느질하는 부처님 / 김현준 엮음	4×6판	100쪽	3,500원

〈가지고 다니면서 틈틈이 읽게 되면 신행생활과 기도에 큰 도움이 됩니다〉

참 회 / 김현준   4×6판 160쪽 5,500원
불교의 참회는 잘못을 뉘우치고 용서를 받는
차원을 넘어 영원한 자유와 행복을 얻는 깨달음
을 목표로 하고 있습니다. 참회의 끝은 해탈입
니다. 대해탈입니다. 이제 이 책 속으로 들어가
참회의 방법과 해답을 찾고 참회를 통하여 평안
을 얻고 향상의 길로 나아갑시다.

신묘장구대다라니기도법 우룡스님·김현준
신묘장구대다라니의 가피와 공덕, 다라니의 뜻풀이, 자
세하게 설명한 기도의 방법과 주의할 점, 14편의 영험담
을 함께 수록하였습니다.   (208쪽 7,000원)

영가천도 / 우룡스님   6,000원
영가천도의 필요성과 기본자세, 염불·독경·사경을 통
한 영가천도, 49재 등 영가천도에 관한 여러 궁금증을
스님의 자세한 법문으로 풀어드립니다.   (160쪽)

기도성취 백팔문답 /김현준   9,000원
기도와 믿음·업장소멸의 방법·꾸준한 기도의 효험·원
을 세우는 법·축원법·기도가피와 기도성취의 시기 등
을 문답식으로 풀이하였습니다.   (240쪽)

윤회와 인과응보 이야기 /일타스님 9,000원
"인간은 과연 윤회하는 존재인가? 내가 지은 업은 어떻
게 전개되는가?" 49가지 이야기로 엮은 이 책을 읽다
보면 그 해답을 명확하게 얻을 수 있습니다.   (242쪽)

참회와 사랑의 기도법 / 김현준   7,000원
문답을 통해 참회의 정의에서부터 참회기도를 해야 하
는 까닭, 가족을 향한 참회법 등에 대해 아주 상세히 설
하고 있습니다.   (192쪽)

⊙불교 3대신앙의 진면모와 그 기도법을 쉽게 설명한
미타신앙·미타기도법 / 김현준   신국판 160쪽 6,000원
관음신앙·관음기도법 / 김현준   신국판 240쪽 9,000원
지장신앙·지장기도법 / 김현준   신국판 190쪽 7,000원
- -
참회·참회기도법 / 김현준   신국판 160쪽 6,000원
병환과 기도 / 일타스님·김현준   4×6판 100쪽 3,500원

선가귀감   서산대사 저 김현준 역
(한글 한문 대조본) 4×6배판 136쪽 6,000원
휴대용 4×6판 160쪽 5,500원
禪에 대한 다양한 가르침을 중심에 두고
참회·염불·계율·육바라밀·도인의 삶 등을
간절하게 설하여 불자들의 신심과 정진에 큰
도움을 주는 소중한 책입니다.

다량의 법보시는 할인혜택을 드립니다.

전화 02-587-6612, 582-6612 팩스 02-586-9078